AF240340

L. AUROUSSEAU

*Professeur de chinois
à l'École Française d'Extrême-Orient.*

SUR LE NOM

DE

"COCHINCHINE"

[Extrait du *Bulletin de l'École Française d'Extrême-Orient*, t. XXIV, 1924, n°s 3-4.]

SUR LE NOM DE *COCHINCHINE*

Le nom de *Cochinchine*, qui désigne aujourd'hui notre colonie annamite de l'Indochine méridionale, apparaît dans la littérature géographique européenne à une date où les Annamites n'avaient pas dépassé vers le Sud la région de Qui-nhơn et où le delta du Mékhong était encore entièrement cambodgien.

Cartes et textes montrent d'autre part que ce nom a été appliqué suivant les époques à des territoires différents.

Enfin il paraît impossible de retrouver son origine dans la nomenclature géographique chinoise ou indigène de l'Indochine.

Il est donc intéressant d'essayer d'abord de localiser avec précision les régions désignées par ce nom à des dates déterminées ; de rechercher ensuite son étymologie en tenant compte de sa valeur la plus ancienne.

* * *

Avant d'être employé avec sa valeur présente, le nom de *Cochinchine* était appliqué par les étrangers à la partie centrale et méridionale de l'Annam actuel, où avait été fondé au XVIe siècle par les ancêtres de la dynastie des Nguyễn 阮 et où avait prospéré un royaume longtemps distinct des territoires annamites du nord de la péninsule.

On a cru jusqu'à ce jour que ce nom n'avait pas de plus ancienne acception et qu'ainsi il ne pouvait remonter plus haut qu'au milieu du XVIe siècle [1].

Mais on sait que Nguyễn Hoàng 阮黄, le premier de ces ancêtres des Nguyễn qui partit pour le Thuận-hóa 順化 (régions de Quảng-bình 廣平, Quảng-trị 廣治, Thừa-thiên 承天) ne quitta la cour des Lê à Thăng-long 昇龍 (Hà-nội) qu'entre le 10 novembre et le 10 décembre 1558 [2]. Le point de départ du royaume des Nguyễn ne peut donc être antérieur à l'arrivée de Nguyễn Hoàng au Thuận-hóa ; et le nom de *Cochinchine*, s'il n'a tout d'abord servi qu'à désigner ce seul royaume, ne devrait pas apparaître avant 1558. Or ce nom est attesté bien avant cette date, comme le prouvent quelques textes essentiels que de rapides recherches m'ont permis de recueillir et que j'indique ci-dessous pour jalonner le terrain de ma démonstration.

---

[1] Cf. *BEFEO*, XXII, 176-177.
[2] Cf. *BEFEO*, XX, iv, 107.

I. La première mention que je connaisse du nom de *Cochinchine* est celle qui apparaît, en 1502 A. D., dans la carte portugaise du Génois Albert Contino et sous la curieuse forme de *Chinacochim*.

Cette carte dont l'original est conservé à la bibliothèque de la ville de Modène est reproduite par le Dr Wilhelm Tomaschek dans un ouvrage publié à l'occasion du quatrième centenaire de la découverte du Cap de Bonne-Espérance par Vasco de Gama [1]. Albert Cantino situe *Chinacochim*, à la façon d'un port de mer, à l'embouchure d'un fleuve qui doit être le Fleuve-Rouge ; plus au Sud, à la hauteur du Centre-Annam actuel, Cantino indique un autre port appelé *Champacochim*.

Sous cette forme particulière, *Chinacochim*, qu'il suffit de retourner pour obtenir *Cochimchina*, le nom de *Cochinchine* désigne donc en 1502 un point du delta tonkinois.

A cette date et jusqu'en 1515 les navigateurs portugais (ou étrangers au service du Portugal) n'avaient aucune connaissance directe de la côte indochinoise. Les renseignements qu'ils possédaient provenaient sans doute de relations ou de routiers arabes ; ou bien leur étaient fournis de vive voix par des marins musulmans. C'est de l'une de ces sources que doivent provenir et être maladroitement reproduites les indications de Cantino.

II. Les remarques précédentes peuvent s'appliquer à la forme *Chanacochim*, portée sur une carte de 1503 environ, due à un autre Génois, Nicolo de Canerio et conservée aux Archives hydrographiques du Ministère de la Marine à Paris [2]. Canerio semble, du moins sur ce point, avoir copié la carte de son compatriote Cantino.

III. La forme normale du nom apparaît pour la première fois, et à deux reprises, dans une lettre adressée de Malacca, le 8 janvier 1515, par Jorge de Albuquerque au roi Don Manuel de Portugal [3]. Au début de la lettre (p. 134,

---

(1) *Die topographischen Capitel des indischen Seespiegels Mohit*, übersetzt von Dr. Maximilian BITTNER, . . . mit einer Einleitung sowie mit 30 Tafeln versehen von Dr. Wilhelm TOMASCHEK. — Festschrift zur Erinnerung an die Eröffnung des Seeweges nach Ostindien durch Vasco da Gama (1497), herausgegeben von der K.K. Geographischen Gesellschaft in Wien. — Wien, 1897, Verlag der K.K. Geographischen Gesellschaft. (Cf. p. 47 et pl. XXVII)

(2) Cf. TOMASCHEK, *op. cit.*, p. 35, 47.

(3) 1515, Janeiro 8. — Malaca. Carto do capitão de Malaca, Jorge de Albuquerque, para el-rei D. Manuel, sobre os seus actos no desempenho desse cargo ; p. 133-139 de *Cartas de Affonso de Albuquerque, seguidas de documentos que as elucidam*, publicadas de ordem da classe de sciencias moraes, politicas e bellas-lettras da Academia real das sciencias de Lisboa e sob a direcção de Raymundo Antonio de Bulhão Pato, III, Lisboa, MDCCCCIII (*Collecçao de monumentos ineditos para a historia das conquistas dos Portuguezes em Africa, Asia e America*, Tomo XIII, 1ª Serie, *Historia da Asia*).

l. 3-4) il est en effet question : « ... das mercadorias que vem da chyna e *qua-chymchyna*, syam, llequios,.... » « ... des marchandises venant de Chine, de *Cochinchine*, du Siam, des îles Lieou-k'ieou,.... »

La seconde citation se trouve à la page 137 ; on y parle des « jonques de Chine ou de Cochinchine » : « ... os junquos da chyna e *quamchymchyna* ». Sous les orthographes *Quachymchyna* et *Quamchymchyna* on retrouvera facilement le nom de *Cochinchine*.

Il faut remarquer ici que l'auteur de la lettre, en citant ce nom parmi ceux de pays comme le Pégou, la Chine, le Siam etc., entend certainement désigner un royaume particulier. Il s'agit sans doute du royaume d'Annam, alors placé sous l'autorité de la dynastie des Lê, qui avait sa capitale à Trung đô phủ 中都府 (Hà-nội) et s'étendait en gros de Lạng-sơn 諒山 à Qui-nhơn 歸仁.

IV. En août 1516 Fernão Perez pénètre dans le « golfe de *Concam china* », c'est-à-dire dans le Golfe du Tonkin ([1]).

V. Duarte Coelho qui voyagea **une** première fois sur la côte annamite entre 1516 et 1518 est, dans le courant de l'année 1523, envoyé en Indochine orientale par Jorge de Albuquerque pour obtenir des renseignements détaillés sur le pays appelé *Cochinchine* et sur le golfe du même nom. Une lettre de Jorge d'Albuquerque au Roi de Portugal, datée du 1er janvier 1524, dit en effet: « Mamdey duarte coelho a descobrjr *canchimchyna* » ([2]). Barros, qui écrit vers 1550, fait le récit suivant de cet événement: « Vindo este Perduca Raja no fim de Abril de quinhentos e vinte e tres com estas quarenta lancharas, em se recolhendo pera dentro do rio de Muar quasi sobre a noite, houve vista delles Duarte Coelho, o qual hia em hum navio seu descubrir a enseada de *Cochinchina* per mandado d'El Rey D. Manuel, por ter sabido ser aquella enseada cousa de que sahiam mercadorias ricas. A qual terra os Chijs chamam Reyno de Cacho, e os Siames, e Malayos *Cochinchina*, á differença do Cochij do Malabar.... » ([3])

Il n'est pas douteux que cette mention, en 1523-1524, du pays et du golfe de *Canchimchyna* (Cochinchine) s'applique, elle aussi, au royaume annamite de l'époque et plus particulièrement au delta du Tonkin.

([1]) Cité par le *Hobson Jobson* (II), p. 226. Cf. Gaspar Correa, *Lendas da India* (scr. 1561), Lisbonne, 1858-1864, II, 474.

([2]) 1524, Janeiro 1. Carta de Jorge de Albuquerque,... refere .. que mandou Duarte Coelho à Cochinchinha.... Cf. *Collecção*.... t. XIV, *Cartas de Affonso de Albuquerque...*, IV, p. 35-42.

([3]) Cf. Barros, *Da Asia...* (Lisboa, 1777) III, II. p. 290-291. Sur Duarte Coelho, voir encore *Les Voyages advantureux de Fernand Mendez Pinto....* traduits de Portugais en François par le sieur Bernard Figuier, Paris. 1645, p. 993, où la date de 1518 est associée (en 1555) au souvenir du passage de Duarte Coelho dans le « golfe de Cauchenchine ».

VI. Sur la carte de Diego Ribero, établie en 1529, est porté le nom de *Cauchechi a* pour désigner les régions tonkinoise et annamite de la péninsule et et par conséquent tout le pays d'Annam du début du XVIe siècle (1).

VII. Les nombreuses mentions postérieures, parmi lesquelles je me borne à relever les principales : 1535 (2), 1543 (3), 1549 (4), 1550 (5), 1572 (6), 1588 (7), 1597 (8), 1598 (9), 1599 (10), 1603 (11), 1604 (12), 1606 (13), 1613 (14),

---

(1) Cf. NORDENSKIÖLD, *Periplus*, XLIX.

(2) *Hobson Jobson...*, par YULE et BURNELL, 2e éd. (Londres, 1903) s. v. *Cochin-china*, extrait de RAMUSIO, *Sommario de' Regni*.

(3) Fernand MENDEZ PINTO (1509-1583 ; voyage de 1537 à 1558), *Les Voyages advantureux...*, p. 140 : « ense de *Cachenchina* » ; p. 145 : « *Cauchenchina* » ; p. 151 : « Roy de *Cauchenchina* » ; p. 485, p. 993 : « anse de *Cauchenchine* », etc. Tout en retenant la nomenclature géographique contenue dans les récits de Pinto, il ne faut pas accepter de confiance les renseignements, assez souvent fantaisistes, qu'il donne sur la situation, l'histoire ou la géographie des pays cités. Il n'est pas rare de pouvoir prendre Pinto en flagrant délit d'erreur ou même de mensonge.

(4) Lettres de Saint FRANÇOIS XAVIER. Cf. PERI, *BEFEO*, XXIII, 5, note 2 ; *infra*, p. 570, note 2.

(5) *a)* BARROS, *Da'Asia...* ; cf. *supra*, p 565, note 3 ; *b)* voir une carte portugaise de 1550 publiée par TOMASCHEK dans *Die topographischen Capitel des indischen Seespiegels Moḥṭ|* (table XXIX : A Costa da China), où l'on voit le Tonkin désigné par le nom de *Cauchimchina*, alors que le Golfe du Tonkin est appelé *enseada de Cauchy ou Qochim*.

(6) La mention de 1572 (cf. *Hobson Jobson, loc. cit.*) est celle qu'on trouve dans ces deux vers de Camoens (*Les Lusiades*, X, 129) :

Ves, *Cauchichina esta de oscura fama*
E de Aindo vê a incognita enseada.
« Voyez la Cochinchine encore d'obscure renommée
Et ce golfe inconnu de Hai-nan. »

(7) Carta de Fray Fran.co Manrique dando cuenta de su viage a la China y dice que pase por los reinos de *Cochinchina*, Siam, Camboja, Champa, que son faciles de conquistar. — Macao, 1 marzo 1588. [*Archivo de Indias*. — 68-1-37]. — Cf. A. CABATON, *Quelques documents espagnols et portugais sur l'Indochine aux XVIe et XVIIe siècles*, Journal asiatique, sept.-oct. 1908, p. 285.

(8) *Relaciones importantes de los reynos de Camboja Sian Champa y Cochinchina.* — Manila, 1597 [*Archivo de Indias* — 67-6-18]. — Cf. *Ibid.* . . , p. 288.

(9) LINSCHOTEN, chap. 22 ; cf. *Hobson Jobson*, p. 226.

(10) Carte de Linschoten de 1599, (reproduite dans le *Periplus* de Nordenskiöld). Le royaume annamite y est désigné sous le nom de *Cauchinchina*, la capitale (Hà-nội) sous celui de *Cochinchina* et le Golfe du Tonkin y est appelé « enseada de *Canchinchina*. Voir, déjà en 1595, la carte des Van Langren (Fournereau, *Le Siam ancien*, I, pl. VI).

(11) Carta de D. Luis Pérez Dasmariñas acompañando unos apuntamientos con noticias muy detalladas de China, Camboja, *Cochinchina*, Maluco, etc., (S. l.) 15 y 30 junio de 1603 [*Archivo de Indias*, documento núm. 62 del índice 7o — 67-6-19]. Cf. A. Cabaton, *loc. cit*, p. 290.

(12) «... de la parte que mira a China y Iapon, que estan al Oriente, esta el Reyno de Ior, y los Reynos de Pan, Pathania, Camboxa, Champa, *Sinoa*, *Cachan* y *Tunquin*, y estos tres ultimos, Generica, y comunmente se llaman *Cochinchina*... ». Cf G. QUI-

attestent toutes que le mot *Cochinchine* — sous différentes orthographes :
*Cochinchina, Cauchenchina, Cauchijchina, Cauchj china, Cachenchina,
Cauchimchina, Cauchichina, Coccincina* etc., — désigne dans tous les cas
l'ensemble du royaume d'Annam.

VIII. Il faut arriver à l'année 1618 pour trouver le nom de *Cochinchine*
avec sa deuxième valeur, c'est-à-dire s'appliquant d'une manière absolument
nette à la principauté particulière des Nguyễn. Le mot apparaît pour la première
fois avec ce sens dans la *Relatione della nuova missione delli P.P. della
Compagnia di Giesu al regno della Cocincina,* du Jésuite milanais Christo-
phore Borri (¹). On relève en effet, dans cette relation, le passage que je
reproduis ci-dessous en le faisant suivre de sa traduction :

« La Cocincina così detta da Portoghesi ; da proprij Paesan, si chiama *Anam*,
voce, che significa parte occidentale, essendo veramente questo Regno occidentale rispetto alla Cina, per la medesima ragione fù da Giapponesi in lingua
propria detta Coci, che significa l'istesso che Anam in lingua Cocincina ; ma
li Portoghesi essendosi introdotti per mezzo di Giapponesi à contrattare in
Anam ; del medesimo vocabolo de Giapponesi, Coci ; et di quest'altra voce,
Cina, ne formarono questo terzo nome Cocincina, appropriandolo à questo Regno, quasi dicessero Cocin della Cina, per maggiormente distinguerlo da
Cocin città dell'India, habitata da medesimi Portoghesi ; et il trouarsi nelli
Mappamõdi descritta la Cocincina, ordinariamẽte sotto nome di Caucincina, ò
Cauchina, ò altro simile, ciò non è proceduto da altro, che ò da corrottione del
proprio nome ; ò perche hanno voluto gli Autori di dette Mappe dar'ad inten-
dere esser questo Regno principio della Cina.

« Confina questo Regno dalla parte di mezzo di col Regno di Chiampà in
eleuatione di gradi undici del Polo Artico da Tramontana, piegando alquanto
al Grecale, çon il Tunchim ; dall' Oriente, ha il mare Cinico ; dall' Occidente,
verso Maestrale, il Regno delli Lai.

ROGA DE SAN ANTONIO, *Breve y verdadera relacion de los successos del regno de Camboxa,* Valladolid, 1604 ; édition Cabaton (Paris, 1914), p. 4-5 et 93. *Cochinchine*
désigne ici le Tonkin, plus le Thuận-hóa et le Quang-nam de l'époque, c'est-à-dire
nettement l'ensemble du royaume des Lê au début du XVIIe siècle. Notons-le en pas-
sant, Quiroga de San-Antonio paraît être le premier auteur européen qui ait enre-
gistré le nom de *Tonkin*

(13) « Nel regno di *Coccincina*, che... è alle volte chiamato dal nome di *Anan*, vi
sono quattor dici Provincie piccole... ». Cf. *Viaggi di Carletti*, II. 138, apud *Hobson
Jobson, loc. cit.*

(14) Cf. GODINHO DE EREDIA, *Declaraçam de Malaca e India meridional com o Cathay*
(édition Janssen, Bruxelles, 1882) p. 66, B : « Coc sim ou Cochim China ». *BEFEO*,
XXIII, 6, note. — Cf. aussi carte de Mercator (*in* Fournereau, *Le Siam ancien*, I, pl. VIII).

(¹) Cf. édition de Rome, 1631, p 5-8. — Ed. française ; traduction du P. ANTOINE
DE LA CROIX, *Relation de la Cochinchine,* Lille, 1631, p. 1-4. Voir aussi *Revue indochinoise*, 1909, p. 349-350.

« Quanto alla grandezza sua, parlerò io qui solo della Cocincina, che è una parte del gran Regno del Tunchim...

« Si diuide la Cocincina in cinque Prouincie ; la prima cõfinante con il Tunchim, nella quale risiede questo Rè, si chiama Sinuà ; la seconda Cacciam, et in questa risiede, e gouerna il Prencipe figlio del Rè ; la terza si chiama Quamguya. La quarta Quignin, che da Portoghesi vien detta Pullucambì ; la quinta, che confina con Chiampà si chiama Renran. »

« La *Cochinchine* ainsi nommée des Portugais s'appelle dans la langue des indigènes *Anam*, mot qui signifie partie occidentale, ce royaume se trouvant en réalité à l'Occident par rapport à la Chine ; c'est pour la même raison que les Japonais dans leur langue lui donnent le nom de *Coci*, qui a le même sens qu'*Anam* en langue cochinchinoise.

« Mais les Portugais s'étant introduits par l'entremise des Japonais en *Anam* pour y faire du commerce, de ce même mot des Japonais, *Coci* et de cet autre mot, *Cina*, ont formé un troisième nom, *Cocincina*, l'attribuant à ce royaume, comme s'ils avaient dit *Cocin de la Chine*, pour le mieux distinguer de *Cocin*, cité de l'Inde, fréquentée par les mêmes Portugais.

« Et si la Cochinchine se trouve, dans les mappemondes, ordinairement indiquée sous le nom de *Caucincina,* ou de *Cauchina,* ou d'un autre semblable, cela ne provient d'autre chose que soit de la corruption du nom propre, soit du fait que les auteurs des dites cartes ont voulu donner à entendre que ce royaume était à l'entrée de la Chine.

« Au Sud, ce royaume confine à celui de *Chiampa* (Čampa), en élévation de onze degrés du pôle arctique ; au Nord, mais un peu à l'Est, au *Tunchim* (Tonkiń) ; à l'Est il a la mer de Chine (*il mare çiaico*) ; à l'Ouest, vers le Nord-Ouest, le royaume des *Lai* (Laos).

« Quant à son étendue, je parle ici de la seule Cochinchine, qui est une partie du grand royaume du Tonkin....

« La Cochinchine se divise en cinq provinces ; la première, limitrophe du Tonkin et dans laquelle réside le Roi, s'appelle *Sinuuà* (¹) : la seconde, *Cacciam* (²), où réside en qualité de Gouverneur, le Prince fils du Roi ; la troisième s'appelle *Quamguya* (³); la quatrième *Quignin* (⁴), que les Portugais nomment *Pullucambi* (⁵); la cinquième, qui touche au Čampa, s'appele *Renran* (⁶) ».

(¹) *Sinuuà* = Thuận-hoá 順 化, région qui comprenait les provinces actuelles de Quảng-bình, Quảng-trị et Thừa-thiên.

(²) *Cacciam* = Kẻ-chàm, territoire correspondant à peu près à l'actuelle province de Quảng-nam.

(³) *Quamguya* = Quảng-ngãi 廣 義, circonscription créée en 1602.

(⁴) *Quignin* = Qui-nhơn 歸 仁 ; date de création, 1602.

(⁵) *Pullucambi,* du nom de l'île de Poulo Gambir, à mi-hauteur entre Qui-nhơn et Sông-cầu.

(⁶) *Renran* désignait le *phủ* de Phú-yên, créé en 1611 et borné au Sud par le cap Varella. (Cf. encore en 1650, la carte du P. de Rhodes, dans *Histoire du royaume de Tunquin*, Lyon, 1651, en face de la page 1.)

Malgré les erreurs qu'il contient, ce passage de la relation de Borri est intéressant et montre avec précision que, pour l'auteur et ses contemporains, le royaume annamite des Lê était, vers le milieu du premier quart du XVIIe siècle, divisé en deux parties : *a*) le Tonkin (*Tunchim*), alors compris entre la frontière de Chine au Nord et le fleuve Linh-giang 灵江 au Sud (¹) ; *b*) la Cochinchine (*Cocincina, Caucincina, Cauchina*), c'est-à-dire la principauté Nguyễn qui s'étendait du fleuve Linh-giang au Nord, jusqu'au Cap Varella au Sud.

Ainsi est attesté dans la relation du Jésuite milanais, écrite entre 1618 et 1630 et publiée dès 1631, le premier emploi du nom de *Cochinchine* limité à une seule partie du royaume annamite, en l'espèce celle qui va de Đồng-hới au Cap Varella. Le P. Borri ne paraît pas avoir su que ce nom avait jusque là servi à désigner l'ensemble du pays annamite ; en effet, il n'en dit rien et semble croire au contraire que le nom général appliqué par les étrangers au royaume des Lê, avant l'indépendance des Nguyễn, était celui de *Tonkin*.

Mais quel est le point de départ de cet emploi du nom déjà ancien de *Cochinchine* avec cette valeur nouvelle ?

Au dire du P. de Rhodes (²), qui lui-même arriva en Cochinchine en décembre 1624, le premier missionnaire jésuite entré dans le pays fut le Napolitain Busomi qui débarqua à Tourane le 18 janvier 1615. Trois ans après Busomi, arriva le P. Borri. D'autre part, il n'y avait pas encore de Jésuites au Tonkin, où la mission ne fut ouverte qu'en 1626. Les missionnaires de la région du Centre-Annam éprouvèrent donc les premiers le besoin de désigner par un nom particulier le pays qu'ils se proposaient d'évangéliser et qui vivait d'une existence politique propre sous la puissance des seigneurs Nguyễn. Ils connaissaient par les relations précédentes les noms de *Tonkin* et de *Cochinchine*. Le premier désignait nettement la partie septentrionale du royaume des Lê ; le second avait un sens plus général. Les missionnaires firent-ils, comme je le crois, erreur sur ce sens ou décidèrent-ils d'appliquer exclusivement le nom de *Cochinchine* à la partie méridionale du royaume annamite ? Il est difficile de choisir entre ces deux solutions. Quoi qu'il en soit, il est certain que ce sont les fondateurs des premières missions chrétiennes en pays annamite qui, en arrivant en 1615 dans la principauté des Nguyễn, employèrent pour la première fois le nom de *Cochinchine* pour désigner cette seule principauté. En conséquence l'on peut dire que dans cette acception spéciale ce nom n'est pas antérieur au 18 janvier 1615.

IX. Cette valeur nouvelle du nom de *Cochinchine* emprunta aux rapports des missionnaires une autorité d'autant plus grande qu'aucune nécessité ne se

______

(¹) Cf. *BEFEO*, XX, iv, 111.

(²) *Divers voiages du P. Alexandre de Rhodes en la Chine et autres roiaumes de l'Orient...*, 2e éd., Paris, 1666, p 65-68.

fit sentir de maintenir le nom dans sa plus ancienne acception : les missionnaires, nous l'avons vu, ne s'installèrent que dix ans plus tard dans la partie septentrionale du royaume annamite, région qu'ils continuèrent à désigner sous le nom de *Tonkin*.

En effet, les mentions du nom de *Cochinchine* qu'on peut relever après 1618 montrent d'une manière tout à fait nette que le nom garde sa seconde valeur (il désigne alors toute la partie méridionale du royaume d'Annam à partir de la région de Đồng-hới) pendant les XVIIe-XVIIIe siècles et une partie du XIXe. Les plus importantes de ces mentions : celles dues au P. de Rhodes en 1624 (1) et 1627 (2) ; au P. Baldinotti en 1626 (3) ; celles que l'on trouve sur les cartes de

---

(1) « Il n'y a pas encore cinquante ans que la *Cochinchine* est un royaume séparé du Tunquin, duquel pendant sept cens ans, il auoit été une province. » *Divers voiages*. . . ed. cit., p. 60. — « Je ne sçay comment ce beau royaume [de Tunquin] a esté si fort inconnu, que nos géographes d'Europe n'en ons pas mesme sceu le nom, et n'en disent quasi rien dans toutes leurs cartes, où ils mettent tous les païs du monde : ils le confondent avec la *Cochinchine*.... ». *Ibid*, p. 79.

(2) « *Annan* . . . est un nom aujourd'huy commun aux royaumes de *Tunquin*, et de la *Cocinchine*, qui ne font qu'une nation. . . et qui n'ont fait autrefois qu'un royaume, quoy qu'ils ayent esté depuis divisez en deux, à l'occasion que je deduiray cy apres. Et pour adjoûter icy quelque chose du nom qui a esté donné au Royaume de la Cocinchine, séparé aujourd'huy de celuy de Tunquin : il faut sçavoir que le nom de la Ville capitale de tout le Royaume d'Annan, estant *Che ce* ; et les Marchands Iaponois qui avoient commerce dans cette Ville, en corrompant son nom, l'ayant appellée *Coci* ; il arriva que les Portugais qui traittoient avec eux, pour distinguer ce *Coci*, du Cocin qui est en l'Inde Orientale, non loin de Goa, composerent le nom de Cocinchine, comme s'ils eussent voulu dire, Cocin prés de la Chine. Et ce nom n'est pas si nouveau, que le Pais n'en ayt esté appellé déja depuis un Siècle passé : Comme nous l'apprenons des epistres de S. François Xavier, où il décrit une furieuse tempeste qu'il souffrit vers la plage de ce Païs, en son voyage du Iapon. Mesme que le Royaume que nous appellons aujourd'huy de Tunquin. estoit en ce temps-là compris sans distinction sous ce nom. Dont il ne faut pas s'estonner si dans plusieurs cartes géographiques, voire les plus recentes, le Royaume de Tunquin se trouve enfermé sous le nom, et dans l'enclos du Royaume de la Cocinchine, ou (comme ils dérivent) de la Ɔauchinchine. Toutefois parce que déja depuis quelque nombre d'années ces deux Estats sont divisez, nous ne parlerons icy que du Royaume de Tunquin, comme separé. de celuy de la Cocinchine : Encore que où le discours nous portera à dire quelque chose de commun à l'un et à l'autre, cela se fera sous le nom du Royaume d'Annan, qui leur est encore commun. Et voilà quant au nom. » *Histoire du royaume de Tunquin.*, éd. française du P. Albi, Lyon, 1651, p. 2-3 — Cette citation est à comparer en partie à celle de Borri *(supra*, p. 567-569).

(3) « E dunque il Regno di Tunquim, cosi detto da vna Città del medesimo nome, che è questa doue risiede il Rè. E posto a Tramontana, dalla cui parte confina colla Cina ; da Mezzogiorno con la *Cocinci a*, da Ponente con gli Lai, e dal Leuante col Mare Cinese. » « Donc le royaume de Tunquim est ainsi nommé d'une ville du même nom, qui est celle où réside le roi. Au Nord il touche à la Chine, au Midi à la *Cochinchine*, au Ponant aux Lai et au Levant à la Mer de Chine. » Baldinotti, *Relatione del viaggio di Tunquim*. . . . (1626), in *BEFEO*, III, 73, 77.

1640 (¹), de 1650 (²), de 1666 (³) ; celles enfin de 1666 (⁴), 1705 (⁵), 1721 (⁶), 1749 (⁷), 1751 (⁸), 1782-87 (⁹), 1785 (¹⁰), 1792-1806 (¹¹), 1807 (¹²), 1817-1818 (¹³),

---

(¹) Cf. Carte hollandaise (de *circa* 1640) conservée aux Archives de La Haye et mentionnant du Nord au Sud : « Enceada de *Couchinchina* » [vestige de la première valeur du nom de Cochinchine] ; puis « *Toncquin* », « *Qui nam* » [en face de Tourane et comme nom de pays ; sur ce nom, cf. *BEFEO*, XXIII, 61 et n. 2] ; « *Couchinchina* » [au Sud du Quinam et jusqu'au Cap Varella] ; enfin « *Tsiompa* » [au Sud du Varella].

(²) Carte du P. de Rhodes, dans *Histoire du royaume de Tunquin* (en face de la p. 1), dans laquelle le Tonkin va de la frontière de Chine au *Bô-chính* et la *Cocincina*, du Bô-chính au Cap Varella. Sur le Bô-chính, cf. *BEFEO*, XX, IV, 111.

(³) Carte de P. Goos (*in* Fournereau, *Le Siam ancien*, I, pl. x) où le pays annamite appelé *Gan-nan* (Annam) comprend le *Tungking* au Nord et la *Couchinchina* au Sud jusqu'à la frontière du Cambodge (*Cambodia*) de l'époque.

(⁴) Cf. *Relation nouvelle et curieuse des royaumes de Tunquin et de Lao.* . . traduite de l'italien du P. Mariny, par L. P. L. C. C. [Le Comte], Paris, 1666, p. 2 : « Le royaume de Tunquin. dont il est question, a receu autant de noms differents qu'il a esté connu de differentes Nations : Les plus communs et ordinaires sont, *An nam*, c'est à dire, repos Austral ; *Tum Kinh*, Cour Orientale ; *Cao Ci*, peuple aux doigts tortus ; surnoms que leur donnerent les Chinois quand ils les menerent prisonniers dans la Chine, apres avoir remarqué ce defaut en la pluspart de ceux de ce païs, et qui s'y est conservé jusqu'à présent en quelques familles. Ce nom s'est aussi conservé depuis pour marquer une partie de cette mesme Monarchie de la Chine, que nous appellons *Cochinchine*, et qui passe à présent pour un Royaume separé : et mesme les plus anciens Cosmographes, par un défaut de connoissance du païs, nous representent indifferemment dans leurs Cartes marines ce grand espace de terre qui s'étend entre la *Chine* et *Ciampà*, sous le seul nom de *Cao Ci*. »

(⁵) *Carte des Indes et de la Chine.* . . par Guillaume de L'Isle, de l'Académie royale des sciences, à Paris, chez l'auteur sur le quai de l'Horloge, 1705. (Bibliothèque de l'EFEO, B, O, 2). De même que dans la carte hollandaise de 1640 (voir *supra*, note 1), le golfe du Tonkin y est encore appelé « golfe de Cochinchine ».

(⁶) *Les Indes Orientales*, carte de N. de Fer. Paris, 1721 (Bibl. EFEO, B, O, 3), dans laquelle sont indiquées les mêmes divisions que dans la carte de Guillaume de l'Isle, mais où le golfe du Tonkin est appelé « Golfe de Tunquin et de Cochinchine ».

(⁷) Cf. *Voyage de Pierre Poivre en Cochinchine* (*in* Revue de l'Extrême-Orient, III, 1887, p. 81-121 ; 364-510).

(⁸) Carte de Robert de Vaugondy (*in* Fournereau, *Le Siam ancien*. I, pl. xiv).

(⁹) Cf. *Revue indochinoise*, juin 1910, p. 503-539 ; juillet 1910, p. 43-54. Cf. le traité du 28 novembre 1787.

(¹⁰) *Regni d'Aracan del Pegu di Siam di Camboge e di Laos*, Venezia, 1785, presso Antonio Zatta e figli.

(¹¹) Cf. John Barrow, *A voyage to Cochinchina in the years 1792 and 1793*, London, 1806, p. 244, 245 et *passim*.

(¹²) Cf. La Bissachère, *Relation sur le Tonkin et la Cochinchine* (1807), publiée par Ch. B. Maybon. Paris, 1920, *passim*.

(¹³) Cf. *La Mission de la Cybèle en Extrême-Orient* (1817-1818). Journal de voyage du capitaine A. de Kergariou. publié et annoté par Pierre de Joinville. Paris, 1914, *passim*.

1838 (¹), 1842 (²), 1858-1859 (³), 1862 (⁴), 1863 (⁵), 1866-68 (⁶), 1874-1879 (⁷), avril 1882 (⁸) suffisent à l'établir.

On voit que le nom de *Cochinchine* conserve sa deuxième valeur pendant toute la période qui va de 1615 à l'année 1882 avec cette nuance constamment changeante que le pays ainsi désigné s'étend de plus en plus vers le Sud au fur et à mesure de la descente des Annamites.

Pendant ce temps le pays s'est unifié. Les Nguyễn vainqueurs ont rassemblé les terres annamités à l'aurore du XIX⁰ siècle. Le nom d'*Annam* qui, d'autre part, était employé par les Européens depuis le XVIIᵉ siècle pour désigner l'ensemble du royaume (comprenant au Nord le Tonkin, au Sud, la Cochinchine), se maintient dans ce sens jusqu'en 1882.

Il faut ajouter qu'un facteur nouveau, l'occupation française, vient en 1861 apporter quelque trouble dans la nomenclature géographique du pays. A

(¹) Cf Carte de Taberd : 安南大國畫圖 *An nam Đại quốc họa đồ seu Tabula geographica imperii anamitici*, ab auctore dictionarii latino-anamitici disposito (1838).

(²) Cf. *La capitale de la Cochinchine et ses prisons* (Lettre de Mgr Miche, *in* Revue de l'Orient, 1842, p 293-308) où le nom de *Cochinchine* (voir p. 296, 298, 305 et la confusion avec le Tong-king) semble désigner tout le pays annamite, ce qui, exceptionnel pour l'époque, est toutefois possible, puisque le pays tout entier avait été unifié par les Nguyễn.

(³) Cf. Manuel de RIVAS, *Idea del Imperio de Anam, ó de los reinos unidos de Tunquin y Cochinchina*, Manila, 1858 ; A. GIRARD, *Etude sur Tourane et la Cochinchine* (et cartes), Paris, 1859. — A ces dates le nom d'*Annam* s'applique encore à l'ensemble du Tonkin et de la Cochinchine.

(⁴) La conquête française de 1861 eut pour conséquence la création des appellations de *Cochinchine française* et de *Basse Cochinchine* à côté de celle de *Cochinchine*. Cf. *Revue maritime et coloniale*, novembre 1862 ; PALLU, *Expédition de Cochinchine* p. 151 et *ss*.

(⁵) Cf. *Notices of Annam or Cochinchina* (*Chinese and japanese repository*, nov. et déc. 1863) by the editor [le Rev. James SUMMERS]. Voir remarque ci-dessus note 2.

(⁶) Cf. DOUDART DE LAGRÉE et Francis GARNIER, *Voyage d'exploration en Indochine*, I, p. 20, « Cochinchine française ».

(⁷) Cf. le traité du 15 mars 1874 *in* BOUINAIS et PAULUS, *l'Indochine française contemporaine*, II. p. 749 et ss. ; VIAL. *Les premières années de la Cochinchine*, Paris, 1874, p. 25 et *passim* ; LURO, *Le pays d'Annam*, p. 19. 20, où toutefois Luro fait une distinction qui paraît lui être personnelle entre la *Cochinchine* (pays annamite dans son ensemble), la *Cochinchine* proprement dite, au Sud du Tonkin, et la *Basse-Cochinchine* ; DUTREUIL DE RHINS, *Le royaume d'Annam et les Annamites*, Paris, 1879, p. 2, 3, et p. 300, où l'Indochine annamite est divisée, du Nord au Sud, en régions portant les noms suivants: Tonquin, Haute Cochinchine, Moyenne Cochinchine (ces trois premières régions formant le royaume d'Annam) et enfin la Basse-Cochinchine. — Cf. encore, en 1879, la *Carte des missions de l'Indo-Chine* (Bibl. EFEO. A. 1, 3, 11).

(⁸) Cf. CASTONNET-DESFOSSES, *Les Relations de la France avec le Tong-kin et la Cochinchine*, Bulletin de la Société académique indochinoise (avril 1882), date à laquelle le nom d'*Annam* désigne encore l'ensemble du Tonkin et de la Cochinchine et n'est pas pris dans l'acception qu'il a de nos jours.

partir de cette date l'obligation de distinguer les territoires occupés de ceux qui ne le sont pas, fait que les premiers sont appelés *Basse Cochinchine* ou *Cochinchine française* et que les autres gardent, suivant leur situation, le nom de *Cochinchine* ou celui de *Tonkin,*

X. Enfin, en 1883 la nomenclature tend à se fixer. En 1887 cette fixation est accomplie ([1]). Le Tonkin conserve son nom ; la Cochinchine proprement dite de l'époque perd le sien et reçoit le nom spécial d'*Annam,* qui par contre cesse de désigner d'une manière absolue l'ensemble des pays annamites ; la Basse Cochinchine ou Cochinchine française, enfin, est appelée du nom particulier de *Cochinchine.* Et ainsi nous arrivons à la troisième valeur que ce nom depuis a gardée jusqu'à nos jours.

En résumé, sous des formes phonétiques diverses, le nom de *Cochinchine* a eu, au cours de l'histoire, trois valeurs distinctes dans la littérature géographique européenne :

a) de 1502 à 1615 : *Cochinchine* désigne l'ensemble du royaume annamite, compris entre la frontière de Chine au Nord et la frontière du Čampa au Sud.

b) de 1615 à 1882 : *Cochinchine* est le nom de la partie du pays annamite, située au Sud du Tonkin d'alors et comprise entre la région de Ðồng-hới au Nord, et la frontière méridionale annamite (cette frontière étant reportée de plus en plus vers le Sud au fur et à mesure de l'avance des Annamites).

c) de 1883-1887 à nos jours : *Cochinchine* désigne notre colonie du Sud de la péninsule (Cochinchine actuelle) ; la partie centrale du pays annamite comprise entre la Cochinchine au Sud et le Tonkin au Nord recevant le nom d'*Annam.*

([1]) Voir une conférence faite le 14 juin 1883 par Blancsubé (*Bulletin de la Société de Géographie de Lyon,* p. 101-116) dans laquelle l'Indochine annamite est donnée comme étant composée des trois pays : Tonkin, Annam et Cochinchine ; de même, voir R. Postel, *L'Extrême-Orient, Cochinchine, Annam, Tonkin,* Paris, 1883. — Cf. encore le traité du 6 juin 1884, *in* Bouinais et Paulus, *loc. cit.,* p. 772 et ss. — Ce n'est pas à dire que pendant deux ou trois années quelques flottements ne se produisirent pas dans la nomenclature géographique des parties de l'Indochine annamite. Pour Launay, qui écrit en 1883 (*Histoire ancienne et moderne de l'Annam,* ouvrage publié en 1884, p. 3-4 et *passim*), *Annam* désigne le Tonkin, la Cochinchine et la Cochinchine française ; en 1885, le marquis d'Hervey de St Denys (*Comptes rendus de l'Académie des Inscriptions et Belles Lettres,* 1885, p. 360-367) intitule une de ses contributions : *L'Annam ou Tong-king et la Cochinchine au point de vue historique et philologique ;* enfin M. Henri Cordier, en 1886 encore, donne à la *Grande Encyclopédie* (tome 3, p. 21 et ss.) un article portant le titre : *Annam ou Cochinchine.* Il semble qu'à partir de 1887 la nomenclature soit définitivement fixée telle qu'elle subsiste de nos jours, *mutatis mutandis* en ce qui concerne l'étendue exacte, à diverses époques, du Tonkin, de l'Annam et de la Cochinchine et les provinces affectées ou enlevées à chacun de ces pays.

Il y a donc lieu, si nous voulons rechercher l'étymologie du nom de *Co-chinchine*, de prendre pour point de départ la valeur que ce nom avait dans les toutes premières années du XVIe siècle, au moment où il apparaît pour désigner la totalité du royaume annamite. A cette date le pays comprenait le Tonkin et l'Annam actuels jusqu'à la région de Qui-nhơn ; mais il faut remarquer que la souveraineté annamite était encore assez précaire au Sud du Col des Nuages et que le royaume n'était véritablement organisé que dans les douze *trấn* 鎮 du Nord, de Lạng-sơn au Thuận-hóa (1).

Les premières mentions du nom de *Cochinchine* l'associent presque toujours au golfe dit de Cochinchine (golfe du Tonkin actuel, mais assez largement étendu vers le Sud). Les seuls ports annamites accessibles et sûrs du début du XVIe siècle étaient en effet ceux du delta tonkinois. Là durent aborder les premiers marins portugais qui « découvrirent la Cochinchine » et, avant eux, les voyageurs étrangers qui venaient trafiquer en pays annamite. On en conclura donc que, tout en désignant dès le début l'ensemble du royaume d'Annam, le nom de *Cochinchine* s'appliquait surtout en 1502-1515 au pays auquel on accède par le golfe du Tonkin.

Lorsque Jorge d'Albuquerque écrit sa lettre, le 8 janvier 1515, aucun Portugais, aucun Européen, ne connaît encore en réalité le pays annamite ; *a fortiori*, treize années auparavant, au moment où Cantino dresse sa carte d'Extrême-Orient.

Le nom de ce pays a donc nécessairement été transmis aux Portugais par des voyageurs d'Extrême-Orient avant la fin du XVe siècle. Ces voyageurs ne pouvaient être que chinois, annamites, čams, malais, javanais, persans, arabes ou turks. La nomenclature géographique chinoise, annamite, čame et javanaise ne fournit à ma connaissance aucun terme qui puisse avoir donné naissance au nom complet de *Cochinchine*. Les Malais disaient soit *Kuchi*, soit *Kuchi-china*, deux noms également inexplicables dans cette langue, ce qui laisse le problème entier.

Il reste à chercher du côté des Persans, des Arabes et des Turks.

Avant la découverte du Cap de Bonne-Espérance (22 novembre 1497), l'existence du royaume annamite avait déjà été signalée à l'Europe par Marco Polo au XIIIe siècle. Le Vénitien avait donné à ce royaume le nom de *Caugigu*, dans lequel il faut reconnaître les mots *Kiao-tche kouo* 交阯國 « le pays des

---

Kiao-tche (Giao-chi) » qui servaient aux Chinois pour désigner les régions tonkinoises depuis quinze cents ans avant Marco Polo (¹).

Le même nom se retrouve sous une forme un peu différente, au début du XIV⁰ siècle, dans *l'Histoire des Mongols* du persan Rașīd-ad-dīn (²), où il est question du pays de *Kafchekuo* (= Kiao-tche kouo).

Le nom de *Kiao-tche* était donc déjà répandu au XIV siècle dans le monde non chinois, européen et musulman, pour désigner le Tonkin, partie la plus importante du pays annamite, et pour désigner aussi — par une extension toute naturelle — le royaume annamite considéré dans son ensemble.

Pendant longtemps, en effet, les grands navigateurs musulmans (persans jusqu'au IX⁰, puis arabes jusqu'au début du XVIᵉ siècle) parcoururent l'Océan Indien et les mers de Chine (³); ils furent en relations avec les ports des côtes orientales de l'Indochine et apprirent à connaître le pays de *Kiao-tche* (royaume annamite).

Cependant ces voyageurs avaient une conception géographique spéciale de ces côtes et des pays du Sud de l'Asie Orientale. L'examen des relations de voyages maritimes, des routiers et des instructions nautiques montre en effet que les marins musulmans donnaient au nom de *Chine* un sens largement étendu.

C'est ainsi qu'en 1224 le voyageur géographe Yākūt (1179-1229), dans son *Mu' djam al-Buldān* dit: « ... le Ma'bar (Coromandel) est le dernier des pays de l'Inde. Vient ensuite la *Chine* dont la première [région] est Djāwa (Java ou Sumatra), d'où l'on entre dans une mer d'accès difficile et fertile en désastres. On arrive ensuite à la Chine propre » (⁴).

(¹) Cf. *BEFEO*, XXII, 177 et déjà en 1903, P. Pelliot, *in BEFEO*, III, 299, n. 1.

(²) Faute d'une autre lettre je transcris par ș la sifflante palatale orientale.

(³) Sur cette question de la navigation et de l'histoire maritime dans l'Océan Indien et les mers de Chine, voir les intéressants travaux de M. G. Ferrand : *a) Relations de voyages et textes géographiques arabes, persans et turks relatifs à l'Extrême-Orient du VIIIᵉ au XVIIIᵉ siècles*, Paris, Leroux, 2 vol. 1913-1914; *b) Le K'ouen-louen et les anciennes navigations interocéaniques dans les mers du sud*, dans *Journal Asiatique*, 1919; *c) Le pilote des mers de l'Inde, de la Chine et de l'Indonésie* par Sihāb ad-dīn Aḥmad bin Mājid, texte arabe du manuscrit 2292 de la Bibliothèque nationale, Paris, Geuthner, 8 fascicules, 1921-1922; *d) Id.*, par Sulaymān al-Mahrī et Sihāb ad-dīn Aḥmad bin Mājid, texte arabe du manuscrit 2559 de la Bibliothèque nationale, Paris, Geuthner, publication en cours; *e) Voyage du marchand arabe Sulaymān en Inde et en Chine*, rédigé en 851, suivi de remarques par Abū Zayd Ḥasan (vers 916), Paris, Bossard, 1922 ; *f) Le pilote arabe de Vasco de Gama et les instructions nautiques des Arabes au XVᵉ siècle*, dans *Annales de Géographie*, n° 172, 15 juillet 1922, p. 289-307 ; *g) Notes de géographie orientale*, dans *Journal Asiatique*, janvier-mars 1923 ; *h) Les instructions nautiques de Sulayman al-Mahri* (XVIᵉ siècle), dans *Annales de Géographie*, n° 178, 15 juillet 1923, p. 298-312 : *i) L'élément persan dans les textes nautiques arabes des XVᵉ et XVIᵉ siècles*, dans *Journal Asiatique*, avril-juin 1924, p. 193-257.

(⁴) Cf. *Relations de voyages et textes géographiques arabes, persans et turks...* par G. Ferrand, tome I, p. 204.

Au XIII° siècle le botaniste Ibn al-Bayṭār, dans son *Traité des simples* note que les parties septentrionales de la Chine sont appelées en persan « *Čīn Mā-čīn* (c'est-à-dire Chine de la grande Chine ; cf. le sanskrit *Cīna Mahācīna*), comme qui dirait [en arabe] *Čīn al-Čīn*, la Chine des Chines, car [les Persans] appellent la Chine *Sīn* (*Čīn*) » [1].

Qazwīnī (1203-1283) dans son *Kitāb 'adjāïb al-makhlūqāt wa gharaïb al-mawdjūdāt*, parle des îles de la mer de *Chine* parmi lesquelles il fait figurer Java, Sumatra, Nias, etc. [2] ; le même auteur dans son *Kitāb āthār al-bilād wa akhbār al-'ibād* dit encore que Java et Sumatra sont des régions de la *Chine* [3].

Toujours au XIII° siècle, Ibn Sa'īd distingue nettement la « Chine » (*Čīn*, c'est-à-dire les pays de la côte orientale de l'Indochine) de la « Chine proprement dite » (*Čīn al-Čīn*), ou régions situées à partir et au Nord du détroit de Hai-nan [4]. Il indique la ville de Manzī comme étant la capitale de Čīn al-Čīn, ou de la Chine proprement dite [5]. Or on sait que *Manẓī*, du chinois *Man-tseu* 蠻子, est le nom par lequel les Arabes désignaient la Chine méridionale soumise aux Song du Sud (1127-1279). Il en résulte que les régions désignées par Ibn Saïd sous le nom de *Čīn* (Chine) n'avaient rien de commun avec la Chine puisqu'elles étaient situées au Sud de l'empire chinois de l'époque et n'en dépendaient pas en réalité.

Raṣīd-ad-dīn lui-même (1310) étend les régions chinoises jusqu'à l'île de Lākawāram (Nicobar) et au continent appelé Čampa (le Čampa du début du XIV° siècle, soit en gros la région de l'Annam située au Sud du Col des Nuages) [6].

Dimaṣqī, qui écrivait vers 1325, parle aussi du Čampa « situé sur la côte de la Chine » [7]. Abūlfidā (1273-1331) dit que « les frontières de la Chine du côté du Sud-Est, touchent à l'équateur, là où il n'existe pas de latitude » [8] ; il rapporte également que l'île de Sribuza (Çrīvijava = Palembang) est donnée comme une dépendance de la Chine [9].

Je passe plusieurs autres mentions analogues du XIV° et du XV° siècles qui trahissent les mêmes conceptions et qui seraient superflues, pour arriver à celle que l'on peut relever dans le traité intitulé *Muḥīṭ* « l'Océan », de l'amiral turk Sīdī 'Alī Čelebī (1554) :

---

[1] *Ibid.*, p. 269.

[2] *Ibid.*, t. II, p. 297

[3] *Ibid.*, p. 309.

[4] *Ibid.*, p. 350.

[5] Ibid., p. 352 ; cf. *Les voyages en Asie au XIII° siècle du bienheureux frère Odoric de Pordenone*, éd. Henri CORDIER, Paris, 1891, p. 248 et 250.

[6] Cf. *Relations...*, p. 361-362.

[7] *Ib.*, p. 377, 380.

[8] *Ib.*, p. 399.

[9] *Ib.*, p. 404.

« Les routes maritimes à la côte de Čīn et Māčīn empruntent l'itinéraire suivant. D'abord de Singāfūr (Singapore)... à Kanbūṣā (Cambodge) ; de Kanbūṣā (Cambodge) à Ṣambā (Čampa)... de Ṣambā (Čampa) au golfe de *Kawči* (Kiao-tche = golfe du Tonkin), etc.... » (¹)

« Le port de *Kawṣī* en Čīn (Kiao-tche [= port du Tonkin] en Chine) (²).. ». « Le golfe de *Kawṣī* en Čīn (= le golfe du Tonkin en Chine) (³)... ». « *Kawṣī* en Čīn... » (⁴).

« Ṣanbā en Čīn (le Čampa en Chine)... » (⁵).

« Laghūr en Čīn... ». « Le cap Kanbūṣa (le cap du Cambodge, en Cochinchine actuelle en Čīn (en Chine)... » (⁶).

« Lung-sakā (Tenasserim) à l'extrémité de la côte de Čīn (Chine)... » (⁷).

« Kalāndan (Kělāntan sur la côte orientale de la péninsule malaise) sur la côte de Čīn (Chine)... » (⁸), etc.

Ces exemples suffisent pour montrer que du XIIIᵉ au XVIᵉ siècle les géographes musulmans divisaient les côtes de l'Asie Orientale en deux grandes régions qu'ils désignaient sous les noms suivants :

a) Čīn (Chine) qui comprenait l'Indochine, de la presqu'île malaise au détroit de Hai-nan, et l'Insulinde, au moins en partie.

b) Māčīn (Grande Chine ou Chine propre) qui s'étendait au Nord des « Portes de la Chine », c'est-à-dire au Nord du détroit de Hai-nan.

Dès lors tous les pays de la côte indochinoise compris entre le détroit de Malacca et celui de Hai-nan étaient, pour les marins arabes, situés en Čīn (Chine). Ces marins, comme les exemples reproduits ci-dessus le prouvent, devaient en conséquence faire suivre normalement le nom de chacun de ces pays du mot Čīn qui indiquait leur situation générale. C'est exactement ce qui s'est produit pour le nom du pays annamite, *Kiao-tche*, puisque le *Muḥīṭ* de Sidi 'Alī Čelebī mentionne à plusieurs reprises le *Kawči* de Čīn (*Kiao-tche* de Chine). Sidi 'Alī Čelebī écrivait vers 1554 mais on sait (⁹) qu'il compilait plus qu'il ne composait lui-même et que son *Muḥīṭ* est en grande partie constitué par des textes arabes antérieurs, entre autres par la traduction des *Instructions*

(¹) *Ib.*, p. 500.
(²) *Ibid*, p. 515.
(³) *Ib,*, p. 517.
(⁴) *Ib.*, p. 519.
(⁵) *Ib.*, p. 522.
(⁶) *Ib.*, p. 524-525.
(⁷) *Ib.*, p. 530.
(⁸) *Ib*, p. 532.
(⁹) Cf. G. Ferrand, textes cités (*supra*, p. 575, note 2).

nautiques de Sulayman al-Mahrī (début du XVI⁰ siècle) et par celle des routiers et traités de navigation d'Ibn Mājid qui fut le pilote arabe de Vasco de Gama dans l'Océan Indien et qui composa ses traités entre 1462 et 1490.

Le delta tonkinois, on peut même dire le royaume annamite tout entier, était donc certainement désigné par les Arabes sous l'appellation de « pays de *Kawčī* de *Čīn* » à la fin du XV⁰ et au début du XVI⁰ siècles, c'est-à-dire au moment même où les Musulmans entrèrent en relations avec les navigateurs portugais et leur enseignèrent, avec les itinéraires maritimes, les noms des principaux pays baignés par l'Océan Indien et les mers de Chine. Les Portugais, « dont les premiers routiers ont à la base des *Instructions nautiques* arabes » (¹), ne firent qu'enregistrer purement et simplement (et avant même d'avoir découvert à leur tour le golfe du Tonkin) le nom que les Arabes donnaient au pays annamite.

Il convient ici de remarquer que de tous les pays situés sur cette côte dite « de Čīn », le *Kawčī* est le seul dont le nom ait continué à être transmis, après les Arabes et les Portugais, avec l'indication des mots « de Čīn ». Tous les autres, Čampa, Laghur, etc., subsistèrent sans être plus longtemps associés à çette indication, qui disparut sans doute au moment où l'on se rendit compte de l'erreur géographique fondamentale qu'elle perpétuait. Il n'est pas impossible que cette exception en faveur du nom qui nous intéresse soit due au fait qu'il existait dans l'Inde un nom presque identique et très répandu, celui du port de *Kōčī* (Cochim). Il fut sans doute nécessaire de conserver l'indication « de Čīn » pour bien distinguer le *Kawči* de *Čīn* du *Kōčī* de l'Inde (²).

C'est ainsi que dut naître et subsister le nom de *Cochinchine*. L'expression arabe « Kawčī de Čīn » correspond en effet de manière tout à fait satisfaisante aux premières formes portugaises normales du mot *Cochinchine*. Les deux premières leçons, celles du 8 janvier 1515, *Quachymchyna* et *Quamchymchyna*, sont presque identiques, car je vois dans *m* de *Quam* une faute de copie pour *u*, faute qui subsiste encore (*n* pour *u*) dans certaines formes exceptionnelles du début du XVI⁰ siècle : *Concamchina* (1516), *Canchimchyna* (1524), pour disparaître complètement à partir de 1529. La plus ancienne forme portugaise régulière du mot est donc soit *Quachymchyna*, soit *Quauchymchyna*, dans quoi la première partie (*Quachy* ou *Quauchy*) transcrit exactement l'arabe *Kawčī* et, à travers l'arabe, le chinois *Kiao-tche* 交 趾, cantonais *Kaw-či*.

Comme paraissent l'indiquer les exemples extraits par M. G. Ferrand du manuscrit arabe 2559 de la Bibliothèque Nationale, l'arabe pour traduire l'expression « *Kawčī* en Chine », ou « *Kawči* de Chine », devait dire soit : *Kawčī*

(¹) Cf. G. Ferrand, *L'él ment persan dans les textes nautiques arabes,* dans *Journal Asiatique,* avril-juin 1924, p. 247.

(²) Ibid., *Relations...,* II, 529, 540. La nécessité de cette distinction est attestée très anciennement. Cf. Barros, *supra,* p. 565 ; Borri, p. 567 et le P. de Rhodes, p. 570. — Cf. aussi la note de M. Paul Pelliot, *BEFEO,* III, 299, n. 1.

min al Čīn, exactement « Kawčī de la Chine », soit, en supprimant l'article superflu : *Kawčī min Čīn*, ou « Kawčī de Chine ». Je m'excuse si je m'aventure ici sur un terrain qui m'est peu familier, mais il me paraît bien que ce soit sous cette dernière forme simplifiée que le nom était couramment prononcé par les Arabes et que les Portugais durent l'entendre. Le groupe arabe *Kawčī min Čīn* (soit en un seul mot *Kawčīm[in]čīn*) est d'autant plus près des premières formes portugaises du nom de Cochinchine que la partie centrale *min*, qui signifie *de* et qui est en somme d'importance secondaire dans le nom, devait être prononcée assez rapidement tout en laissant une trace très nette de nasalisation. Cette forme arabe rend donc parfaitement compte des premières leçons portugaises ; elle explique en outre la nasalisation médiane attestée, dans toutes les langues, par la presque totalité des mentions connues et qui a survécu jusqu'à nos jours dans l'*n* central du mot *Cochinchine*.

*   *

De solides raisons historiques, géographiques et linguistiques se groupent donc pour nous permettre de faire remonter le nom de *Cochinchine*, à travers le portugais *Quachymchyna*, jusqu'à l'expression par laquelle les Arabes, à la fin du XV⁰ siècle et au début du XVI⁰, entendaient désigner le royaume annamite et plus spécialement le Tonkin maritime. Cette expression *Kawčīm[in]čīn* signifiait que ce royaume était celui de *Kawčī* (Kiao-tche), nom chinois traditionnel du Tonkin, connu en Europe depuis Marco Polo ; et qu'il était situé sur la côte orientale de l'Indochine, c'est-à-dire sur la côte de *Čīn* (Chine) selon la nomenclature géographique habituelle aux voyageurs arabes.

Ainsi la fortune et le sens de ce simple nom, *Cochinchine*, aujourd'hui si pénétré de renommée française, s'expliquent-ils dans l'Océan Indien, il y a plus de cinq siècles, par l'éclat de la puissance musulmane et la gloire plus rayonnante encore des navigateurs portugais.

Léonard AUROUSSEAU.